PRINCIPAUX ÉLÉMENS
DE
GÉOGRAPHIE,
EN TROIS LEÇONS;
OU

INSTRUCTIONS indispensables à ceux qui doivent apprendre cette Science.

PAR BARDOUX,

AUTEUR de l'Arithmétique, dédiée à Sa Majesté l'Empereur des Français et Roi d'Italie ; et de la Grammaire Française, dédiée à S. Exc. le Maréchal d'Empire Augereau.

A LYON,
Chez l'AUTEUR, rue Lafont, n.° 161.
ET A PARIS,
Chez PERRISSE et COMPÈRE, Libraires, quai des Augustins, n.° 47.

1808.

AVANT-PROPOS.

Bien des personnes se mêlent de parler de Géographie à la jeunesse, sans lui en donner une véritable idée, sans même en avoir une juste connaissance, et sans savoir les avantages qu'on acquiert en apprenant cette science. Il suffit, disent ces gens-là, de bien apprendre la géographie démontrée par Gutri. Point du tout, cet ouvrage, quoique bon dans son genre, est trop compliqué pour les jeunes gens, trop étendu et trop volumineux pour intéresser celui qui n'a encore entendu aucune explication sur les premières notions de la Géographie. Gutri ne s'arrête point sur ces préliminaires, qui cependant sont la base de la Géographie. Il donne, il est vrai, ainsi que bien d'autres géographes, un excellent traité pour perfectionner ceux qui ont acquis les connaissances que renferme le présent ouvrage, et sans lesquelles il

A 2

est impossible de savoir comme il faut la Géographie.

Or, pour parvenir à bien faire entendre aux jeunes gens les auteurs qui traitent sur cette science, il est absolument nécessaire qu'ils aient la connaissance de tous les objets qui en font partie, et particulièrement de la sphère, du globe terrestre et des cartes géographiques.

Mais, pour arriver à la connaissance de tous ces objets, il faut, en premier lieu, faire distinguer à l'écolier toutes les parties de la terre et celles de l'eau, qu'il doit considérer comme les principaux objets de la Géographie physique. Ainsi, par le moyen de la première leçon, qu'il faudra lui faire apprendre par cœur, il pourra facilement désigner toutes les parties de ces deux élémens; et en apprenant insensiblement les autres leçons, il acquerra tout ce qu'il importe de savoir, avant d'avoir sous les yeux un ouvrage tel que celui du géographe Gutri, que je regarde, après mes leçons, comme le meilleur de tous ceux qui ont paru jusqu'à ce jour.

On ne sera donc pas surpris de ne trouver dans ce petit livre que les trois principales leçons de géographie, qu'il faut bien faire apprendre à ceux à qui l'on veut faire connaître cette science, et qu'on trouve ailleurs trop longues, ou trop courtes, ou expliquées si inintelligiblement pour la jeunesse, qu'elle finit ordinairement par ne rien savoir, malgré la longueur du temps qu'elle a employé pour les étudier. Voilà, en quelque façon, le motif pour lequel je me suis occupé à donner les trois leçons que j'annonce, après avoir composé deux autres livres encore plus importans, qui sont :

1.° La Grammaire française, où sont développées toutes les règles de notre langue le plus clairement possible ; les principes de la lecture et de l'écriture ; la prononciation, la prosodie, l'orthographe, la syntaxe, les différens styles confirmés par des exemples choisis, instructifs, agréables, et tirés des ouvrages les plus accrédités.

2.° L'arithmétique démontrée dans

tous les cas possibles , en un seul volume , unique en son genre par tout ce qu'il contient d'intéressant pour la jeunesse , d'utile à ceux qui enseignent , et de fort nécessaire aux gens d'affaires en général. Tous ces livres se trouvent aux adresses indiquées au frontispice du présent ouvrage.

PRINCIPAUX ÉLÉMENS DE GÉOGRAPHIE.

PREMIÈRE LEÇON.

Le Ciel, la Terre et la Mer composent la totalité de l'univers, dont les parties sont tellement liées qu'il n'est guère possible d'en connaître une sans prendre connaissance des autres ; ce qui fait que pour étudier la Géographie, il faut avoir non-seulement des cartes, mais encore une sphère et un globe, pour savoir parfaitement tout ce que je vais démontrer relativement à ces trois objets.

Observez qu'on appelle *Géographie mathématique*, celle qui donne les dimensions de la terre et de ses principales divisions ; *Géographie politique*, celle qui décrit les états civilisés, comme les Empires, les Royaumes et les Républiques ; et *Géographie physique*, celle qui traite généra-

A 4

lement de la terre et de l'eau dont notre globe est formé. Mais comme la terre et l'eau se subdivisent en diverses parties qui ont chacune leur nom, il est tout-à-fait nécessaire d'en donner des explications détaillées, avant de parler des cartes géographiques, de la sphère et du globe.

On fera bien de se procurer la représentation d'une sphère, pour faire voir à l'écolier comment le globe terrestre est placé dans l'univers; c'est-à-dire, dans l'immensité de l'espace, ainsi que les autres planètes et les étoiles.

DE LA TERRE.

La terre séparée des eaux, c'est-à-dire, la terre ferme, comprend quatre grandes parties qui sont, l'*Asie*, l'*Afrique*, l'*Europe* et l'*Amérique*. Les trois premières parties sont ce qu'on appelle l'ancien continent, et l'Amérique qui en est séparée par l'Océan, est ce qu'on apppelle le nouveau continent.

Remarquez que l'Amérique est plus grande que l'Asie, que celle-ci est plus grande que l'Afrique, et que l'Europe est la plus petite.

Ces quatre parties de la terre se divisent en grandes et en moyennes régions. Les moyennes régions se subdivisent aussi en hautes et basses, suivant leurs différentes situations près de la mer dont elles sont bornées, le cours des rivières qui les traversent, ou les montagnes qu'elles contiennent : voilà pourquoi l'on dit le haut et bas pays, comme la haute Allemagne, la basse Egypte, le haut Rhin, les basses Alpes, etc.

On donne le nom d'*Ile* à une portion de terre environnée de tous côtés d'une mer, d'un fleuve, d'une rivière, mais qui s'élève au-dessus des flots.

On donne le nom de *Presqu'île* à une portion de terre environnée d'eau de tous côtés, excepté d'un seul.

On appelle *Isthme* une partie de terre plus longue que large, qui, quoique liée à un continent se trouve resserrée entre deux mers. Les principaux *Isthmes* sont celui de *Suez* et celui de *Panama*. *Voyez le Dictionnaire géographique*.

On donne le nom d'*Archipel* à une étendue de la mer, entrecoupée d'îles.

On appelle *Cap* ou *Promontoire*, une éminence de terre fort avancée dans la mer; quand cette éminence a peu d'élévation, on l'appelle pointe.

Maintenant que nous avons décrits les différentes parties de terreins qui se rencontrent sur les bords de la mer, ou qui en sont entourées, parlons des inégalités qui se rencontrent sur la surface de la terre; c'est-à-dire, des montagnes, des collines, des coteaux, des plaines, etc.

On appelle *Montagne* toute élévation de terrein portée jusqu'à une hauteur considérable.

On donne le nom de *Chaîne* à la jonction de plusieurs montagnes contiguës les unes aux autres.

On appelle *Pas*, *Cols* et *Gorges*, les passages qui séparent les montagnes.

La terre renferme dans son sein des amas de matières combustibles; ces matières s'enflamment et s'ouvrent des passages sur la superficie du globe:

les montagnes où se rencontrent quelques-unes de ces ouvertures sont appelées *Volcans*.

Les éminences de terre d'une élévation moindre d'une montagne, s'appellent *Collines*.

Les *Coteaux* sont des diminutifs de collines.

On donne le nom de *Tertre* à toutes les éminences de terre qui se trouvent au milieu d'une plaine.

Les terreins unis situés au pied des montagnes sont appelés *Vallées*. Les prairies sont les fonds qui forment ces terreins ; et quand ces fonds se trouvent situés entre des collines dont la pente est douce, on les appelle *Vallons*.

On donne le nom de *Plaines* généralement à tous les terreins unis.

On appelle *Campagne* une plaine d'une très-grande étendue.

Enfin, on appelle *Déserts* toutes les parties de terre assez considérables qui sont stériles et inhabitées.

Nota. Les inégalités que nous venons de désigner et qui sont à la surface du globe terrestre, sont véritablement une disposition tout-à-fait nécessaire pour produire et y conserver la végétation et la vie ; car il est évident que si la terre était égale et régulière à sa surface, et qu'il n'y eût ni montagnes, ni les autres éminences de terreins dont nous venons de parler, il n'y aurait aussi, ni les sources, ni les ruisseaux, ni les rivières qui sont produits par la forme et la pente des montagnes, et par les amas de neiges et de glaces qui s'y conservent à cause de leur hauteur. Les mêmes inégalités que l'on voit sur la surface de la terre, existent sur le terrein que couvre la mer.

DE L'EAU.

L'Océan est cet assemblage immense d'eaux salées qui environnent de tous côtés les continens, et qui pénètrent en plusieurs endroits dans l'intérieur des terres, tantôt par des ouvertures assez larges, tantôt par des détroits, ce qui forme de petites mers méditerranées, dont les unes participent immédiatement au mouvement de flux et reflux, et dont les autres semblent n'avoir rien de commun avec la grande mer, que la continuité du fluide.

On peut donc appeler l'Océan *la Grande Mer*, puisqu'il entoure tous les continens connus, et que son étendue est si grande qu'il étonne tout le monde.

On donne le nom de *Méditerranée* à cette partie qui communique avec l'Océan par le détroit de Gibraltar, lequel se trouve entre l'Espagne et l'Afrique.

Un détroit est une partie de la mer resserrée entre deux terres, ou resserrée des deux côtés par les terres, et qui ne laisse qu'un petit passage pour aller d'une mer à une autre, comme le détroit du Sund, celui de Magellan. Le plus fréquenté des détroits, est celui de Gibraltar, qui sépare l'Europe de l'Afrique, et qui devrait appartenir à toutes les nations. Les petits détroits portent le nom de *Pas* ou de *Manche*. On dit, le pas de Calais, pour signifier cette partie de la mer qui est entre Calais, ville de France, et

Douvres, ville d'Angleterre. On appelle aussi *Manche*, ce petit détroit.

On donne le nom de *Golfe* à un bras ou à une étendue de mer qui s'avance dans les terres. Les géographes distinguent deux sortes de golfes. Ceux qui sont de la plus grande étendue portent le nom de mer, comme la Méditerranée, la mer Noire, la mer Rouge, etc. et les autres moins étendus que ces petites mers, portent le nom de golfe, comme le golfe du Lion, au sud de la France, le golfe de Gènes à l'est du précédent : le golfe de Venise porte le nom de mer adriatique seulement, par rapport à la ville d'Adria ; ce golfe est entre l'Italie et la Grèce.

Une *Baie*, appelée aussi *plage* ou *rade*, est un diminutif du golfe.

On donne le nom d'*Anse* à une espèce de golfe plus petit que la *baie*.

Enfin, les plus petites parties de la mer sont appelées *Ports*, et tout le monde sait qu'un port est une portion de la mer resserrée par l'industrie des hommes pour recevoir les vaisseaux, afin de les tenir à l'abri des tempêtes.

Maintenant nous allons parler des eaux douces répandues sur la surface de la terre ; c'est-à-dire, que nous allons parler des *lacs*, des *fleuves*, des *rivières*, des *torrens*, des *ruisseaux*, des *canaux* et des *étangs*.

Les *Lacs* sont de grandes étendues d'eau douce et dormante qui ne tarissent jamais ; ils n'ont aucune communication avec la mer, sinon que par quelques rivières ou par des canaux souterrains.

Il sort d'une infinité d'endroits de la terre des sources qui se rassemblent dans leur cours, et forment des courans qu'on appelle *Rivières* ou *Fleuves.* La longueur du cours, la largeur du lit, distinguent les fleuves des rivières : car, l'on donne le nom de *Fleuve* à une grande rivière quand elle garde son nom jusqu'à la mer où elle a son embouchure. Quand les rivières sont fort petites on les appelle *Ruisseaux.*

On appelle *Rives* les deux parties de terrein séparées par un fleuve, une rivière, etc. et l'on distingue ces deux rives par rive droite et rive gauche, relativement au courant de l'eau.

Les torrens sont des espèces de lits de rivières qui se remplissent par intervalles des eaux provenant des pluies considérables, ou de la fonte des neiges, et qui demeurent à sec après leur écoulement.

Indépendamment des lacs et des rivières formés par la nature, il y a des amas et des cours d'eau formés par l'industrie humaine, qu'on peut regarder comme des lacs ou des rivières artificiels ; ce qui fait qu'on appelle *Etang* un amas d'eau rassemblée dans une terre où l'on a pratiqué un bassin pour lui servir de réservoir ; et *Canal*, un courant d'eau dont le lit a été creusé par les hommes pour faciliter le transport des denrées et autres objets de commerce par le moyen de la navigation.

Nota. Presque dans toutes les grandes rivières ou fleuves, la pente de leur lit va toujours diminuant jusqu'à leur embouchure ; mais il y en a dont la pente est très-brusque dans certains endroits. Cela forme alors ce qu'on appelle *Cataracte.*

Le Rhin a deux cataractes, l'une à Billefeld, l'autre à Laufen, qui se trouve à une demi-lieu de Schafouse.

Le Nil en a plusieurs.

La rivière de Niagara en Canada, forme une très-belle cataracte qui tombe de 156 pieds de hauteur perpendiculaire : elle a un quart de lieue de largeur ; le brouillard qu'elle forme en se précipitant produit un nuage qu'on aperçoit de cinq lieues, et quand le soleil y donne il s'y forme un arc-en-ciel. On assure que les eaux, en tombant, font un bruit plus fort que le tonnerre.

La plus grande cataracte connue est celle de Terny, sur le chemin de Rome à Bologne, qui est formée par la rivière de *Velino*, prenant sa source dans les montagnes de l'Abruzze, laquelle se jette dans le lac de Laco, d'où elle sort plus forte qu'elle n'est en entrant, et va jusqu'au pied de la montagne *del Marmore*, d'où elle se précipite par un saut perpendiculaire de 300 pieds en tombant dans un abyme, et s'échappe ensuite avec fureur.

Des points Cardinaux et Collatéraux.

Pour donner à un écolier la meilleure manière de s'orienter en tel lieu qu'il puisse se trouver, il faut en premier lieu lui faire distinguer les trois grands cercles de la sphère, qui portent les noms d'*Horizon*, de *Méridien* et d'*Equateur*, lesquels divisent à angles droits notre hémisphère en quatre parties égales, comme il suit :

Le méridien et l'horizon se coupent à angles droits vers les pôles, et l'horizon et l'équateur se coupent de même à l'Occident et à l'Orient ; ce qui forme les quatre points cardinaux qu'il faut bien distinguer pour connaître ensuite les points collàtéraux : ainsi, ces quatre points cardinaux sont le *Nord* ou *Septentrion ;* le *Sud* ou *Midi ;* l'*Ouest*, *Occident* ou *Couchant ;* et l'*Est*, *Orient* ou *Levant*. On les appelle cardinaux, parce qu'ils servent à composer les noms des points collatéraux, comme on le voit par la rose des vents suivante.

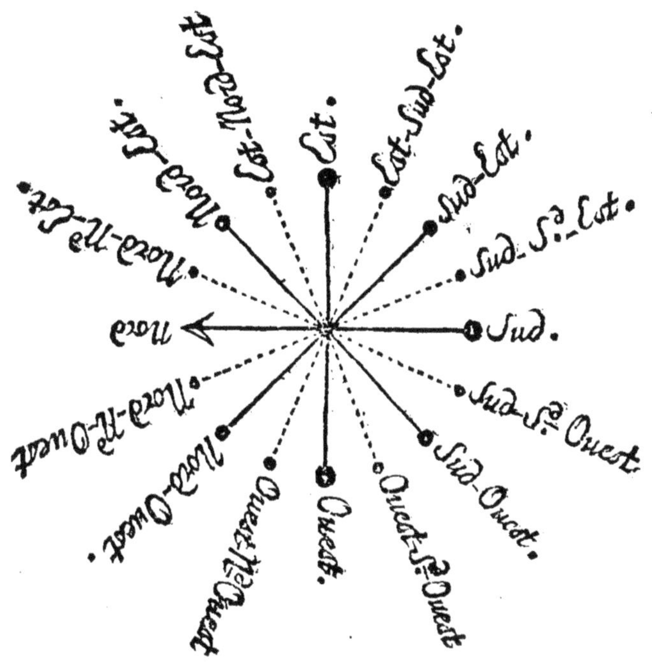

Par cet exemple, on voit que le point milieu entre le *Nord* et l'*Ouest*, s'appelle *Nord-Ouest*; le point milieu entre le *Nord* et l'*Est*, s'appelle *Nord-Est*, et ainsi de suite.

Mais outre ces huit points fort usités dans la Géographie, on en place huit autres dont la connaissance paraît être très-nécessaire pour marquer précisément la situation des endroits. Les noms de ces huit points sont formés, comme on le voit ci-dessus, par les noms des deux points entre lesquels chacun d'eux se trouve, mais de façon que le nom des quatre points cardinaux est répété deux fois. Ainsi, le point milieu entre l'*Est* et le *Sud-est*, s'appelle *Est-sud-est* ; le point milieu entre le *Nord* et le *Nord-est*, s'appelle *Nord-nord-est* ; le point milieu entre le *Sud* et le *Sud-ouest*, s'appelle *Sud-sud-ouest*, etc.

Nota. Dans les cartes particulières qui ne représentent qu'une ville ou le plan d'un héritage, le *Nord* est désigné par le point de l'aiguille d'une boussole, comme dans la rose des vents ci-dessus ; mais dans toute autre carte géographique, le *Nord* est au haut de la carte, le *Midi* au bas, l'*Orient* à droite et l'*Occident* à gauche.

Usage dont on se sert pour représenter la surface du globe que nous habitons.

Pour nous représenter cette surface, les géographes ont inventé une machine appelée *Globe artificiel*, dont nous parlerons amplement à la troisième leçon, et des cartes gravées, sur lesquelles aussi-bien que sur le globe artificiel, sont tracés les contours, les mers, les fleuves, les divisions, etc. des pays que l'on veut représenter.

Ces cartes portent différens noms, selon l'étendue ou la nature des objets qu'elles offrent.

Celles qui représentent tout notre globe, soit qu'elles l'offrent en deux hémisphères, ou dans une seule étendue, sont appelées *Mappemondes*.

Celles qui représentent une des quatre grandes parties de la terre, ou même des états entiers, sont appelées *Cartes générales*.

Celles qui ne représentent que quelque portion d'un état sont appelées *Cartes chorographiques*, ou *cartes géographiques*.

Celles qui ne représentent qu'un lieu particulier, comme une ville, une partie de la campagne, sont appelées *Cartes topographiques*.

On appelle enfin *Hydrographiques*, celles qui nous représentent quelque portion de la mer, ou qui n'ont pour objet que les eaux.

Méthode facile à saisir pour faire usage des cartes ci-dessus.

Dans toute carte régulière et bien faite, on doit la voir partagée en divers carrés qui s'étrécissent à mesure qu'ils approchent vers le nord et vers le midi. Ces carrés sont formés par des lignes tirées les unes d'un pôle à l'autre de haut en bas ; celles-ci s'appellent *Méridiennes*, et les autres lignes tirées de gauche à droite s'appellent *parallèles ;* les unes et les autres sont marquées d'un nombre particulier à leur extrémité, excepté dans les *Mappemondes*, où les chiffres des méridiens se trouvent marqués sur le milieu de la carte.

Il est à propos ici de faire observer que la distance d'une méridienne à l'autre fait un degré de longitude (1), et que la distance d'une parallèle

---

(1) Souvenez-vous qu'un degré est la 360.me partie d'un cercle quelconque, parce que tout cercle se divise toujours en 360 degrés ; que les lignes qui forment des carrés sur une carte régulière, sont autant de cercles qui correspondent à l'équateur et au méridien célestes pour marquer les distances par degrés ou de longitude ou de latitude. *Voyez la première apostille de la seconde leçon.*

Souvenez-vous aussi que les lignes *méridiennes* viennent du à l'autre fait un degré de *latitude*. Mais comme l'écolier ne comprend pas au premier abord ce que c'est que *latitude* et *longitude*, il faut l'instruire sur ces deux mots par le précis suivant.

La latitude est la distance de l'équateur terrestre aux pôles, ce qui fait entendre qu'il y a deux sortes de latitudes : la latitude septentrionale, qui est depuis l'équateur jusqu'à notre pôle ; et la latitude méridionale, qui est depuis l'équateur jusqu'au pôle méridional. On compte par conséquent 90 degrés de latitude septentrionale, et 90 degrés de latitude méridionale, toujours à partir de l'équateur jusqu'à chaque pôle.

Les degrés de latitude sont tous estimés de 25 lieues communes de France, de 2280 toises 1/36.

Les degrés de longitude n'ont cette étendue que sous l'équateur : ils vont en diminuant à mesure qu'ils s'approchent des pôles, ainsi que j'en parlerai bientôt.

Quant à la longitude, c'est la distance qu'il y a entre le lieu dont on parle et le premier méridien.

Autrefois on comptait les degrés de longitude depuis un jusqu'à 360 en allant vers l'orient, à partir de la ligne méridienne de l'Ile-de-fer, qu'on croyait être la partie de

---

nord au midi, ou du midi au nord, et marquent les degrés de longitude, et que celles qui viennent du levant au couchant, ou du couchant au levant, s'appellent *parallèles*, et marquent les degrés de latitude.

la terre la plus occidentale; mais depuis peu l'on est convenu, en France, que le point de départ pour compter les longitudes, serait le méridien de l'Observatoire de Paris; et qu'à partir de ce point, on compterait seulement 180 *degrés de longitude orientale, et* 180 *degrés de longitude occidentale. Ceci mérite l'attention de l'écolier pour se reconnaître dans toutes les cartes qui passeront sous ses yeux, attendu qu'il y en a plus d'anciennes que de nouvelles.*

Ainsi, pour se reconnaître dans les anciennes cartes touchant les degrés de longitude, on observera que le premier méridien est celui qui passe aux Iles-de-fer ou Canarie, et que ces degrés de longitude se comptent depuis le premier méridien d'occident en orient, tout autour du globe de la terre, au nombre de 360, *parce qu'ils coupent tout le cercle qui est autour de la terre, et que tout cercle se divise toujours en* 360 *parties.*

Actuellement, pour se servir des degrés de longitude et de latitude sur une carte, quand on veut tout de suite y trouver le pays ou la ville que l'on cherche, il n'y a qu'à voir dans le dictionnaire géographique la longitude et la latitude de ce pays ou de cette ville, et faire ce que je vais dire :

Par exemple, je veux chercher *Nisme*, dont je suppose ignorer la situation dans la carte de France. Je vois dans le dictionnaire géographique que cette ville est au 22.e degré de longitude (1),

(1) Au 22.e degré de longitude, à compter du 1.er qui passe aux Iles-de-fer, et au 2.e degré de longitude, à compter du 1.er méridien, pris de l'observatoire de Paris.

et au 43.e de latitude ; alors je porte un doigt d'une main sur le méridien 22 de la carte, et un doigt de l'autre main sur la parallèle 43 ; puis, les rapprochant l'un de l'autre jusqu'à l'endroit où ces lignes se coupent, je trouve à cet endroit le carré que je cherche, c'est-à-dire, le carré où se trouve aussi la ville demandée, et ainsi des autres.

Par le moyen des mêmes degrés de longitude et de latitude, on peut aussi savoir le nombre de lieues qu'il y a d'un pays ou d'une ville à l'autre en ligne directe, sans avoir recours aux échelles que les géographes mettent sur les cartes régulières ; mais pour obtenir cet avantage, il faut bien se souvenir des deux observations suivantes.

PREMIÈRE OBSERVATION.

L'espace entre les parallèles est de 25 lieues ; c'est-à-dire, que chaque degré de latitude doit être compté pour 25 lieues, comme il a été dit ci-dessus.

SECONDE OBSERVATION.

L'espace entre les méridiennes est du nombre de lieues que je vais marquer, ainsi que je l'ai annoncé à la page 18.

Souvenez-vous que l'espace d'un méridien à l'autre, ou l'espace d'un degré de longitude à l'autre, va toujours en diminuant depuis l'équateur jusqu'à chacun des deux pôles, de la manière suivante.

Sous l'équateur, l'intervalle entre les degrés de longitude est de 25 lieues ; mais depuis l'équateur, la différence de l'intervalle de ces degrés commence à être sensible, parce que vers le huitième degré de latitude, la diminution du jour étant à peu près d'un quart-d'heure, le degré de longitude doit y être de 24 lieues 3/4 environ;

vers le 12.me degré de latitude	de 24 lieues 1/2.
vers le 17.e ———	de 24 ———
vers le 21.e ———	de 23 ——— 1/2.
vers le 24.e ———	de 23 ———
vers le 30.e ———	de 22 ———
vers le 34.e ———	de 21 ———
vers le 37.e ———	de 20 ———
vers le 41.e ———	de 19 ———
vers le 43.e ———	de 18 ———
vers le 45.e ———	de 17 ———
vers le 49.^{e} ———	de 16 ———
vers le 53.^{e} ———	de 15 ———
vers le 55.^{e} ———	de 14 ———
vers le 58.^{e} ———	de 13 ———
vers le 61.^{e} ———	de 12 ———
vers le 63.^{e} ———	de 11 ———
vers le 65.^{e} ———	de 10 ———
vers le 67.^{e} ———	de 9 ———
vers le 70.e ———	de 8 ———
vers le 72.e ———	de 7 ———
vers le 75.e ———	de 6 ———
vers le 79.e ———	de 5 ———
vers le 81.e ———	de 4 ———
vers le 83.e ———	de 3 ———
vers le 85.e ———	de 2 ———
vers le 87.e ———	de 1 ———
vers le 89.e ———	d'1/4 de lieue.
vers le 90.e ———	de 0

D'après ces deux observations, faites attention aux deux exemples suivans.

Le premier vous fera connaître qu'il est aisé de trouver en nombre de lieues la distance d'une ville ou d'un pays à l'autre, qui auront chacun le même degré de longitude ou la même méridienne, mais qui n'auront pas la même parallèle ou le même degré de latitude.

Le second exemple vous fera connaître aussi, qu'il est aisé de trouver en nombre de lieues, la distance d'un pays à l'autre, qui auront chacun le même degré de latitude ou la même parallèle, mais qui n'auront pas la même méridienne ou le même degré de longitude, en observant ce que j'ai dit ci-dessus.

Premier Exemple.

Je prends Paris et Carcassonne, qui dans la carte de France se trouvent au même degré de longitude, sans avoir le même degré de latitude; et consultant le dictionnaire géographique, je vois que Paris a 48 degrés 50 minutes et quelques secondes de latitude. De même je vois que Carcassonne a aussi fort approchant le degré de longitude de Paris, et 43 degrés 12 minutes et quelques secondes de latitude.

Je soustraits du plus grand nombre de degrés de latitude le plus petit, et je trouve à peu près 5 et 1/2 de différence; et comme il a été dit que chaque degré de latitude est estimé à 25 lieues communes de France, je multiplie 5—1/2 par 25, et je trouve 137 lieues et 1/2 pour la distance de

Paris à Carcassonne en ligne directe, ou onze journées de marche.

Second Exemple.

Je prends Paris et Strasbourg, qui dans la carte de France se trouvent au même degré de latitude sans avoir le même degré de longitude, et voyant dans le dictionnaire géographique que Paris a 20 degrés de longitude, et Strasbourg 25 degrés 26 minutes et quelques secondes de longitude, je cherche la différence de ces deux mesures, et je trouve 5 degrés et près d'un demi degré de longitude; ainsi, suivant la seconde observation ci-dessus, je regarde à combien est estimé en lieues le degré de longitude vers le 48.e degré de latitude, où sont également Paris et Strasbourg, et je trouve qu'à cette hauteur l'intervalle entre deux degrés n'est guère que de 16 lieues; par conséquent, 16 fois 5 et 1/2 font justement 88 lieues, ou 7 journées 1/25 de marche, et autant il y a en ligne directe de Paris à Strasbourg.

Nota. Quand les deux pays ou villes dont on veut connaître la distance, sont différens en longitude et latitude, bien qu'alors la réduction du nombre des degrés en nombre de lieues ne puisse se faire si exactement que par les exemples ci-dessus, on l'estime par le résultat du nombre de lieues en latitude et en longitude qu'on aura fait, comme je viens de le dire; ou bien, l'on prend avec le compas la distance des deux villes, que l'on mesure par le moyen des échelles qui se trouvent toujours sur une carte régulière; ou enfin en suivant la maxime que je donne à l'article du globe.

SECONDE LEÇON.

AVANT de commencer cette leçon, je préviens que je ne parlerai que légèrement des principaux objets qui composent la sphère artificielle, afin de faciliter l'écolier à bien les distinguer par leur nom, pour qu'il en comprenne parfaitement l'utilité et les usages.

De la Sphère artificielle.

La sphère artificielle est une machine construite pour nous donner une idée du cours des astres, et pour fixer l'attention de ceux qui doivent apprendre la Géographie; car c'est une honte pour celui qui apprend cette science, d'ignorer ce que cette machine représente.

Il y a deux sortes de sphères artificielles; l'une suivant le système de *Copernic*, et l'autre suivant le système de *Ptolomée :* mais comme il est tout-à-fait inutile de nous entretenir de ces systèmes qui ne regardent en partie que l'astronomie, nous ne parlerons ici que de ce qu'il y a à savoir de la sphère armillaire, qu'il faut absolument avoir sous les yeux pour comprendre tout ce que je vais dire.

Ayant donc une sphère ordinaire devant vous, d'abord vous y voyez un *centre*, un *axe*, deux

pôles,

pôles, des *cercles* grands et petits, des *zones*, des *chiffres*, des *signes*, *etc.* Ce sont là positivement les objets sur lesquels je vais vous instruire, pour que vous ayez une assez grande connaissance de cette machine.

Du Centre.

La petite boule placée au centre de la sphère, représente le globe terrestre, comme nous l'avons dit au commencement de la première leçon. Sur cette petite boule on y distingue les quatre parties du monde et des lignes en forme de cercles, comme on les voit plus distinctement sur le globe dont nous parlerons à la troisième leçon (1).

De l'Axe et des Pôles.

L'axe représenté par une aiguille de fer en forme de broche, est la ligne qui passe par le centre du globe terrestre, et sur laquelle les anciens s'imaginaient que tout le ciel se mouvait d'orient en occcident dans l'espace de 24 heures; cette ligne, comme vous la voyez, coupe la sphère en deux parties égales, et les deux points du ciel auxquels cette ligne va aboutir, sont les deux pôles du monde qui ont chacun leur nom. Le point où vous voyez un petit cadran, s'appelle

(1) Les géographes tracent sur le globe terrestre les mêmes cercles que les astronomes décrivent dans les cieux; ainsi, l'équateur terrestre correspond à l'équateur céleste, le méridien terrestre au méridien céleste, etc.

Pôle arctique, *boréal* ou *septentrional;* et le point opposé à l'autre de cette même ligne, s'appelle *Pôle antarctique*, *austral* ou *méridional*. Retenez bien ces mots.

Le *Zénith* et le *Nadir* sont encore deux points remarquables dans la sphère. Notre zénith est le point du ciel perpendiculaire sur notre tête, et notre nadir est le point qui lui est opposé. Aussi, n'y a-t-il que les choses immobiles qui aient un zénith et un nadir immobiles.

Des Cercles.

Les cercles qui divisent la sphère en deux parties égales, et qui ont pour centre le centre même du monde, sont de grands cercles; et ceux qui divisent la sphère en deux parties inégales, et qui n'ont pas pour centre le centre du monde, sont de petits cercles de la sphère.

Des grands Cercles.

On voit dans la sphère six grands cercles qu'il faut bien distinguer; ce sont l'*Horizon*, le *Méridien*, l'*Equateur*, le *Zodiaque* et *les deux Colures*, dont nous allons parler.

De l'Horizon.

L'horizon divise la sphère en deux parties égales, l'une supérieure où se trouve le *zénith*, l'autre inférieure où se trouve le *nadir;* ce cercle entoure toute la machine qui est soutenue par quatre branches enclavées au pied de la sphère, et sur lesquelles sont écrits les degrés de longitude et de latitude des principales villes du monde. De plus, ce cercle est très-facile à distinguer des autres par sa plus grande largeur. Pour plus d'intelligence, voyez l'article *Horizon* aux pages suivantes.

Du Méridien.

Le méridien, comme l'horizon, divise la sphère en deux parties égales ; mais avec cette différence, qu'au lieu de la partager horizontalement, il la coupe en deux parties aussi égales en passant par les pôles du monde, et par le zénith et le nadir, de quel endroit on voudra. D'ailleurs, ce cercle est fort aisé à reconnaître dans la sphère, attendu qu'il est le plus élevé de tous les autres, et qu'il porte en écrit son nom. Pour connaître les propriétés de ce cercle, voyez ce que j'en dis en son lieu.

De l'Equateur.

L'équateur est un des cercles de la sphère qui se reconnaît aisément, parce que c'est le seul qui, étant placé au milieu de la machine dont nous parlons, est aussi éloigné d'un pôle que de l'autre. On l'appelle équateur ou ligne équinoxiale, parce qu'environ le 20 mars et le 22 septembre, temps auquel le soleil paroît le parcourir, le jour est parfaitement égal à la nuit pour le temps de sa durée, par rapport à nous. Il importe de voir et d'apprendre tout ce que je dis de ce cercle aux pages suivantes.

Du Zodiaque.

Le zodiaque dans la sphère est représenté par une bande moins large que celle qui forme l'horizon, mais plus large que celle qui forme le méridien ; ce cercle se croise avec l'équateur en formant un angle d'environ 23 degrés 30 minutes. Les deux points où ces deux cercles se coupent s'appellent équinoxiaux, parce que nous n'avons l'équinoxe que lorsque le soleil paraît dans l'un ou l'autre point. La raison pour laquelle on a donné une largeur plus grande à ce cercle qu'à celui de l'équateur, est parce que cette surface contient les 12 constellations ou 12 amas d'étoiles si connus sous le nom de *Signes*, dont nous parlerons en son lieu pour donner une entière connaissance du zodiaque, tant par rapport aux signes qu'il représente dans le contour de sa surface, que par rapport à la ligne écliptique qu'on y voit au milieu, et que suit continuellement le soleil suivant le mouvement de rotation du globe terrestre.

Des deux Colures.

Les deux colures qui sont regardés par plusieurs comme inutiles dans la sphère, sont ces deux cercles dont l'un porte le nom de *Colure des équinoxes*, l'autre *Colure des solstices*. Tous deux coupent l'équateur en parties égales et à angles droits. Voyez-en l'usage et l'utilité en son lieu.

Des petits Cercles.

On compte dans la sphère quatre petits cercles, qui sont, les deux *tropiques* et les deux *polaires ;* ils sont tous parallèles à l'équateur.

Des deux Tropiques.

Les deux tropiques sont éloignés de l'équateur d'environ 23 degrés 30 minutes ; celui qui se trouve dans la partie septentrionale de la sphère, passe par la constellation du *cancer* , et s'appelle tropique du cancer ; l'autre placé dans la partie méridionale, passe par la constellation du *capricorne*, et porte le nom de tropique du capricorne. Ces deux cercles se reconnaissent facilement dans la sphère, attendu qu'ils portent en écrit leur nom. J'en parlerai aussi à l'article des solstices.

Des deux Polaires.

Ces deux plus petits cercles de la sphère sont parallèles à l'équateur, et éloignés, l'un du pôle boréal, et l'autre du pôle méridional , de 23 degrés 30 minutes.

Supposant maintenant que l'écolier est dans le cas et en état de distinguer tous les cercles que l'on voit dans la sphère armillaire , et qu'il ne prendra pas l'un pour l'autre , il est à propos de lui en démontrer l'usage et l'utilité ; c'est pourquoi je vais les répéter, en commençant par les grands cercles.

Usage et utilité de l'Horizon.

L'horizon est un circuit de la sphère également éloigné de l'endroit où chacun se trouve actuellement, et par cette raison ceux qui sont dans un autre endroit que nous, ont un autre horizon; parce qu'il y a autant d'horizons particuliers que de points différens sur le globe de la terre : ce qu'il importe de démontrer.

Si, par exemple, vous vous trouviez sur une montagne ou dans un autre lieu d'où vous puissiez découvrir exactement toute la calotte des cieux, appelée proprement *hémisphère*, l'extrémité de cette calotte ou hémisphère serait l'horizon céleste, et la ligne tout autour de la terre que vous verriez correspondre à cette extrémité, serait l'horizon terrestre, lequel serait positivement le vôtre par rapport à votre situation; mais si vous changiez de place, vous changeriez aussi d'horizon, puisque vous changeriez de zénith. Ce seul exemple suffit donc pour vous faire comprendre qu'il y a autant de zéniths au-dessus de nous, qu'il y a de points sur notre globe, et que l'horizon d'un lieu quelconque est toujours également éloigné du zénith de ce lieu.

Il est vrai que dans une sphère artificielle, comme vous le voyez, l'horizon ne change point de place; mais la sphère par rapport à cet horizon change autant que l'on veut, parce qu'on peut la faire tourner de deux manières; en tournant le méridien artificiel, et en tournant la sphère sur son axe. Ainsi, bien que l'horizon ne change pas dans la sphère armillaire, il y produit le même effet que s'il changeait, à l'égard de chaque point de la sphère, attendu que celle-ci étant mobile en tous sens, nous en changeons chaque point à notre gré par rapport à l'horizon, en mettant au haut chaque point de la sphère, pour représenter le zénith de chaque pays que nous voulons, lequel se trouve toujours de tout côté également éloigné de l'horizon.

L'horizon sert aussi à démontrer la différence des jours et des nuits, par la raison que plus le soleil demeure sur l'horizon, plus les jours sont longs et les nuits courtes, et moins le soleil demeure sur l'horizon, moins les jours sont longs et les nuits courtes ; ce qui est si évident que la seule expérience nous le démontre elle-même.

Enfin, l'on a donné à l'horizon d'une sphère une largeur plus grande que celle de tout autre cercle, pour y placer le nom des mois et les signes des constellations (1), afin de faire voir commodément l'intervalle des mois de celui des constellations, et pour y placer aussi, comme vous le voyez sur le bord extérieur de ce cercle, le nom des vents que nous avons donné à la pag. 15.

Usage et utilité du Méridien.

Pour se faire une juste idée du méridien, il n'y a qu'à s'imaginer un cercle qui passe par les pôles

(1) Je parle des constellations à l'article du zodiaque. Voyez-en la définition.

du monde, et par le zénith et le nadir du pays où l'on est, et ce sera là le méridien de ce pays. Ce cercle, comme on le voit dans la sphère, coupe l'horizon à angles droits; c'est-à-dire, sans pencher plus d'un côté que de l'autre, et partage la sphère en deux parties égales, l'une orientale où tous les astres paraissent se lever, et l'autre occidentale où tous les astres paraissent se coucher.

Remarquez qu'il y a autant de méridiens qu'il y a de zéniths dans le ciel, et que c'est pour éviter la confusion, que nos anciens regardaient comme le premier méridien celui qui passe par le zénith de l'Ile-de-fer, mais que les géographes modernes et Français ont changé, comme je l'ai dit à la page 19.

On a donné le nom de méridien à ce cercle, par rapport à l'heure de midi qu'il indique, et parce qu'il n'est midi pour un lieu que lorsque le soleil paraît au méridien de ce lieu, ce qui fait que tous les pays qui ont le même méridien ont tous midi au même moment, et que ceux qui n'ont pas le même méridien n'ont pas midi à la même heure.

Et parce que le méridien d'une sphère ne peut se placer en 360 endroits de la sphère, on y supplée en faisant changer la sphère à son égard comme il devrait changer ou se multiplier lui-même à l'égard des divers pays représentés par la sphère, ou mieux par le globe dont nous parlerons en son lieu, ou beaucoup mieux encore par une carte géographique. Ainsi, quand on veut connaître les pays qui ont tous midi au même moment, il n'y a qu'à tourner la sphère ou le globe pour arrêter à son gré chaque degré de l'équateur sous le méridien qu'on demande, et l'on verra tout d'un coup ce que l'on cherche ; de même si l'on a une bonne carte représentant la France, on y verra, par exemple, que *Namur*, *Châlons-sur-Saône*, *Lyon*, *Avignon* et tous les autres pays ou villes qui ont le même méridien sur cette carte, ont tous approchant midi au même moment ; il en est de même pour tous les autres lieux ou villes qui ont un méridien semblable.

Comme le méridien d'une sphère présente à l'œil différens objets, il est à propos d'en donner ici la connaissance à l'écolier pour le faciliter dans le besoin.

Ce cercle, comme on le voit, est divisé en quatre petits intervalles diversement colorés.

Le plus inférieur, c'est-à-dire, le premier intervalle qui est le plus près du globe ou de la sphère, est partagé en 360 degrés du méridien.

Dans l'intervalle justement au-dessus on y voit les chiffres qui désignent le nombre de ces degrés, à les compter depuis deux différens points ; d'un côté, depuis un point du méridien pris vis-à-vis l'équateur jusqu'au pôle arctique ; d'un autre côté, depuis un point du méridien pris vis-à-vis du pôle arctique jusqu'à l'endroit de l'équateur qui soit le plus près du pôle. Voici l'usage de ces chiffres.

Ceux qui sont sur le méridien depuis l'équateur jusqu'au pôle arctique, marquent l'élévation de chaque pays au-dessus de l'équateur, ce qui s'appelle aussi degrés de latitude.

Par ces chiffres on voit d'abord combien chaque pays qui y répond est éloigné de l'équateur, si l'on se souvient de ce que j'ai dit de la latitude à la page 18. Par exemple, quand un pays marqué sur le globe, se trouve sous le nombre 40, cela veut dire que ce pays est éloigné de 50 degrés de l'équateur, parce qu'il faut compter ainsi à partir de l'équateur en avançant vers le pôle. On en agit toujours de même pour trouver de suite la latitude de chaque lieu marqué sur le globe terrestre.

Ces chiffres servent aussi à ce qui s'appelle monter la sphère ou le globe, c'est-à-dire, à mettre l'une ou l'autre machine dans une disposition qui nous mette sous les yeux la disposition du monde par rapport à la situation d'un pays particulier que nous voulons nous représenter, ou sur la sphère ou sur le globe (1).

Ces chiffres qui marquent l'élévation ou l'éloignement d'un pays depuis l'équateur vers le septentrion, ne vont que jusqu'à 90, et le 90.me degré se termine au pôle arctique; puis à cet endroit recommencent d'autres chiffres depuis 1 jusqu'à 90, pour marquer ce qui s'appelle l'élévation du pôle.

Cette élévation du pôle n'est autre chose que la plus courte distance qui se trouve depuis notre pôle, qui est le pôle arctique, jusqu'à notre horizon; or, cette distance est toujours égale à la distance où nous sommes de l'équateur, ce qui se voit parfaitement sur la sphère, ainsi que sur le globe; néanmoins on a quelquefois de la peine à le comprendre. Voici comment la chose peut devenir évidente.

(1) Voyez la note suivante.

Depuis l'équateur jusqu'au pôle septentrional il y a 90 degrés, puisque cette distance est le quart du méridien qui, dans son circuit total, contient 360 degrés. Si dans l'intervalle de ces 90 degrés on prend le 45.me degré pour en faire le zénith de Lyon, tel qu'il l'est à peu près, il restera 45 degrés depuis ce zénith jusqu'au pôle septentrional, qui est à 90 degrés de l'équateur.

D'ailleurs, depuis le zénith de Lyon jusqu'à l'horizon, il y a aussi 90 degrés : or, si nous comptons ces 90 degrés par le côté du pôle septentrional, il se trouvera que les 45 degrés qui sont depuis le zénith de Lyon jusqu'au pôle septentrional, sont communs, et aux 90 qui se trouvent depuis l'équateur jusqu'au septentrion, et aux 90 degrés qui sont depuis le zénith de Lyon jusqu'à son horizon du côté du septention. Otez donc ces 45 degrés, il en restera 45 de chaque côté, c'est-à-dire, 45 pour marquer la distance depuis l'équateur jusqu'au zénith de Lyon, et 45 pour marquer la plus courte distance depuis le pôle de Lyon jusqu'à son horizon. Voilà donc un nombre égal de degrés depuis l'équateur jusqu'au zénith de Lyon, ce qui s'appelle l'élévation de l'équateur ou degrés de latitude ; et depuis le pôle septentional jusqu'à l'horizon de la même ville, du côté qu'il en est le moins distant, ce qui s'appelle l'élévation du pôle (1).

(1) Tout ce que je viens de dire à l'égard de l'élévation ou de l'éloignement d'un pays, soit du pôle ou de l'équateur, doit être bien considéré et bien compris si l'on veut monter juste la sphère, ainsi que je le dis à la 3.me leçon, à la suite de la position oblique boréale de la sphère.

Revenant aux intervalles qui partagent la largeur du méridien de la sphère artificielle, je dis que l'on trouve dans le troisième intervalle de cette largeur des chiffres qui marquent la longueur des jours ; c'est-à-dire, le nombre d'heures qui fait le plus grand jour dans chacun des différens pays qui sont aux divers degrés de latitude ; ainsi, dans le troisième intervalle on voit le nombre 12 1/2 un peu avant l'endroit où est marqué dans l'intervalle au-dessous le nombre 10 qui désigne le 10.me degré de latitude : ce qui veut dire qu'au dixième degré de latitude, les plus longs jours sont au moins de douze heures et demie ; de même les chiffres qui représentent le nombre 14 dans ce troisième intervalle, étant vis-à-vis le nombre 30 de l'intervalle au-dessous, signifient qu'au 30.me degré de latitude, le plus grand jour est de 14 heures ; par conséquent, Paris qui se trouve au 50.me degré de latitude, vis-à-vis duquel degré on voit au-dessus le nombre 16 dans le 3.me intervalle, fait voir que son plus long jour est de 16 heures, et Lyon, qui est au 45.e degré de latitude, a son plus long jour de 15 heures et demie ; ainsi des autres.

Enfin, le quatrième intervalle du méridien contient des chiffres romains, qui marquent les 24 climats dont nous parlerons après les différentes positions de la sphère, et l'on verra après cela, combien ces chiffres, placés sur les divers intervalles du méridien, sont curieux et utiles en même-temps, et combien les leçons que je donne sont avantageuses à celui qui apprend ou qui doit apprendre la Géographie.

Usage et utilité de l'Equateur.

Parce que l'équateur et le zodiaque sont attachés l'un à l'autre dans une sphère ; nous allons parler de ces deux cercles dans le présent article.

L'équateur placé au milieu de la sphère se trouve toujours également éloigné des deux pôles, et par conséquent il partage le globe en deux parties égales, ainsi que nous l'avons dit à la page 27 ; mais comme la plupart des autres parties de la sphère ne se distinguent et ne se mesurent que par rapport à lui, et que le mouvement du soleil sur l'équateur est la mesure du temps, il importe de ne pas le confondre et de bien concevoir la suite de cet article. Je dis que le mouvement du soleil sur l'équateur est la mesure du temps, parce que son circuit journalier de 360 degrés de ce cercle, forme l'espace d'une journée de 24 heures ; et 15 degrés de ces 360 dans le mouvement journalier sur le même cercle, forme l'espace d'une heure qui est la 24.me partie du jour, puisqu'il y a 15 fois 24 dans 360.

Maintenant, pour se faire une juste idée de ce que je viens d'expliquer et de ce qui suit, il faut savoir que le soleil, dans son mouvement diurne par lequel il avance d'occident en orient, décrit dans l'espace d'un an un cercle qui s'éloigne de l'équateur d'un côté, jusqu'à 23 degrés environ vers le pôle septentrional, et d'un autre côté, d'autant de degrés vers le pôle méridional. Ce cercle que décrit le soleil dans l'espace d'un an, s'appelle zodiaque, dans lequel on y voit au milieu la ligne écliptique que le soleil suit continuellement.

Or, le zodiaque est donc le cercle que forme le soleil par son mouvement annuel en passant chaque année deux fois par l'équateur et au même point. Ces deux fois arrivent toujours, l'une le 21 mars, et l'autre le 23 septembre, jours que le soleil nous donne l'équinoxe; c'est-à-dire, que le 21 mars, la nuit est égale au jour par la longueur du temps, ainsi que le 23 septembre, ce qui fait que nous avons invariablement deux équinoxes chaque année auxdites époques.

Et comme nous voyons que le soleil, dans son mouvement perpétuel et annuel, paraît constamment s'éloigner une fois à gauche, et une fois à droite de l'équateur d'environ 23 degrés vers chacun des pôles, cela fait que ce mouvement régulier nous donne les quatre saisons de l'année, qui sont : le *Printemps*, l'*Eté*, l'*Automne* et l'*Hiver*, chacune composée de 3 mois; parce que le soleil demeure 3 mois à s'éloigner de l'équateur environ de 23 degrés vers le septentrion, ce qui nous donne le printemps ; 3 mois pour revenir du septentrion à l'équateur, ce qui nous donne l'été; 3 mois pour s'éloigner de l'équateur de 23 degrés vers le midi, ce qui nous donne l'automne; et 3 mois pour revenir de là à l'équateur, ce qui nous donne l'hiver (1).

(1) Le printemps commence le 21 mars, et dure jusqu'au 21 juin; l'eté commence le 21 juin et dure jusqu'au 21 ou 22 septembre; l'automne commence à cette époque et dure

On appelle solstices les deux points où le soleil s'éloigne le plus de l'équateur ; celui qui est entre le pôle septentrional et l'équateur s'appelle solstice d'été, parce que le soleil y arrive toujours le 21 juin, et nous donne le plus long jour; l'autre qui est entre le pôle méridional et l'équateur, s'appelle solstice d'hiver, parce que le soleil y arrive toujours le 21 décembre, et nous donne le jour le plus court. Ces deux points sont désignés dans la sphère ou sur le globe par les tropiques.

On dit qu'une planète (1) est dans son périgée quand elle est le plus près de la terre, et qu'elle est dans son apogée quand elle en est le plus éloigné; ainsi, le soleil se trouve dans son périgée le 21 décembre, et dans son apogée le 21 juin.

Enfin, l'on a donné au cercle que parcourt le soleil le nom de zodiaque, qui signifie *animal*, et on le représente dans la sphère par une largeur plus grande que celle du méridien, parce qu'il

---

jusqu'au 21 ou 22 décembre ; et à cette époque commence l'hiver, qui dure jusqu'au 21 ou 22 mars. Je dis 21 ou 22, parce que le cours du soleil ne fait pas en chaque saison un nombre si juste de jours qu'il ne se trouve quelque chose de plus ou de moins d'un jour; d'ailleurs, tout le monde sait que le temps que demeure le soleil à parcourir les douze signes du zodiaque qui représentent les saisons, est de 365 jours et environ 6 heures, ce qui fait que tous les 4 ans arrive l'année *bissextile*, composée de 366 jours.

(1) Les astronomes comptent sept planètes ; les voici dans l'ordre qu'elles sont plus ou moins éloignées de la terre : la *Lune*, *Mercure*, *Vénus*, le *Soleil*, *Mars*, *Jupiter* et *Saturne*. Concevez par là que *Saturne* est la planète la plus éloignée de la terre, et que la *Lune* est la moins éloignée.

y a sur ce cercle, outre le nom des mois et la ligne écliptique que ne quitte jamais le soleil, les douze constellations ou amas d'étoiles, auxquels amas sont donnés les noms d'animaux suivans et quelques autres aussi remarquables, savoir : le *Bélier*, le *Taureau*, les *Chevreaux* ou les Gémeaux, le *Cancer* ou l'Ecrevisse, le *Lion*, la *Vierge*, la *Balance*, le *Scorpion*, le *Sagittaire*, la *Chevre sauvage* ou le Capricorne, le *Verseau* et les *Poissons ;* ce sont là tous les signes du zodiaque.

Tous ces différens noms ne sont que des symboles ; ils servent à caractériser de mois en mois ce qui arrive sur la terre dans les divers déplacemens du soleil le long de l'année.

Les trois premiers signes, par exemple, portent les noms des trois animaux dont il paraît successivement de nouvelles troupes tout le temps du printemps. Si on a mis deux chevreaux au lieu d'un parmi les signes printaniers, c'est parce que la chèvre produit communément deux petits plutôt qu'un, et a reçu pour suffire à leur nourriture une abondance de lait proportionnée à sa fécondité.

L'écrevisse est un animal qui marche à reculons et obliquement ; de même le soleil parvenu au signe qui porte ce nom, commence à rétrograder et à descendre obliquement.

La furie du lion peut assez bien marquer celle du soleil lorsqu'il abandonne l'écrevisse.

La vierge qui paraît à la suite du lion, portant une poignée d'épies, exprime fort naturellement la coupe des moissons, qu'on achève alors de mettre bas.

L'on a prétendu marquer l'égalité des jours et des nuits qu'amène le soleil parvenu à l'équinoxe, en donnant aux étoiles sous lesquelles il se trouve alors, le nom de la balance.

Les maladies d'automne, lors de la retraite du soleil, ont été caractérisées par le scorpion qui traîne après lui son dard et son venin.

La chasse que les anciens donnaient aux bêtes féroces à la chute des feuilles, ne pouvait être mieux marquée que par un homme armé d'une flèche, appelé le sagittaire.

La méthode de paître de la chèvre est de monter toujours et de gagner les hauteurs tout en broutant; de même le soleil arrivé au signe qui porte ce nom, commence à quitter le point le plus bas de sa course pour revenir au plus élevé.

Le verseau a un rapport sensible aux pluies d'hiver.

Les poissons liés ou pris au filet, marquent la pêche qui est excellente aux approches du printemps.

Telles sont les explications des douze signes du zodiaque, suivant l'idée de nos anciens.

Des deux Colures.

L'utilité de ces deux grands cercles est peu de chose, puisqu'ils ne servent qu'à soutenir les autres cercles de la sphère en passant tous deux par les pôles du monde et par l'écliptique. Celui qui paraît plus élevé que l'autre, et qui passe par les deux points de l'écliptique que nous avons nommé solstices comme étant les plus éloignés de l'équateur, s'appelle *Colure des solstices ;* et l'autre qui est au-dessous du premier, et qui passe de même par l'écliptique aux deux points que nous avons nommé équinoxiaux, s'appelle pour cette raison *Colure des équinoxes.*

Des petits Cercles.

On voit dans la sphère quatre petits cercles parallèles à l'équateur, savoir ; *les deux tropiques* et *les deux polaires.*

Les deux tropiques sont éloignés de l'équateur de 23 degrés 30 minutes. Celui qui se trouve dans la partie septentrionale de la sphère passe par la constellation du *Cancer*, et pour cette raison on l'appelle *Tropique du cancer ;* l'autre, placé dans la partie méridionale, passe par la constellation du *capricorne*, et porte le nom de *Tropique du capricorne.*

Les deux points des solstices sont marqués sur les deux tropiques, l'un au premier degré du *cancer*, et l'autre au premier degré du *capricorne.* Quand le soleil est arrivé à un de ces deux points, il semble d'abord s'arrêter pour revenir vers l'équateur. Voilà les seules remarques qu'il y a à faire sur ces deux cercles.

Quant aux deux autres petits cercles qu'on appelle *Polaires*, parce qu'ils se trouvent plus près, l'un du pôle boréal et l'autre du pôle méridional, que de l'équateur, et qu'ils ne sont éloignés de leur pôle chacun que de 23 degrés 30 minutes, on en connaîtra l'usage dans la troisième leçon, à la fin de ce qu'il me reste à dire de la sphère.

TROISIÈME LEÇON.

Des différentes positions de la Sphère.

La sphère, par rapport aux différens lieux de la terre, se tourne et se place de quatre manières.

1.° *Dans la position oblique septentrionale, par rapport à notre situation, c'est-à-dire, par rapport à la place que nous occupons sur le globe terrestre.*

2.° *Dans la position oblique méridionale, par rapport à ceux qui voient le pôle méridional sur leur horizon.*

3.° *Dans la position parallèle, par rapport à ceux qui ont pour zénith un des pôles du monde.*

4.° *Enfin, dans la position droite, par rapport à ceux qui ont leur zénith dans l'équateur.*

Expliquons ces quatre différentes positions de la sphère.

Position oblique septentrionale.

Ceux qui ont la sphère oblique septentrionale, c'est-à-dire, ceux qui voient comme nous le pôle boréal élevé sur leur horizon de moins de 90 degrés, n'ont chaque année que deux jours où le soleil demeure 12 heures sur leur horizon et douze heures sous leur horizon ; c'est le 21 mars et le 23 septembre, jours auxquels cet astre parcourt l'équateur que leur horizon coupe en deux parties égales. Les autres jours de l'année ils voient le soleil tantôt plus, tantôt moins de 12 heures, parce que les autres cercles qu'il parcourt, sont coupés par l'horizon en deux parties inégales.

Le plus long jour de l'année est le 21 juin, jour auquel le soleil parcourt le tropique du *cancer ;* et le jour le plus court est le 21 décembre, jour où le soleil parcourt le tropique du *capricorne.* Regardez la sphère armillaire dans cette position, et vous verrez que si le tropique du *cancer* a plus de parties sur l'horizon que sous l'horizon, le tropique du *capricorne* est dans un état tout opposé. Vous verrez encore que de tous les cercles que parcourt le soleil, le tropique du *cancer* est celui qui a le plus de parties, et le tropique du *capricorne* celui qui en a le moins sur l'horizon ; donc dans la sphère oblique septentrionale, le plus long jour de l'année doit être le 21 juin, et le jour le plus court doit être le 21 décembre.

Les jours doivent croître depuis le 21 décembre jusqu'au 21 juin, et ils doivent décroître depuis le 21 juin jusqu'au 21 décembre. L'on en voit d'abord la raison. Depuis le 21 décembre jusqu'au 21 juin, le soleil va du cercle qui a le moins de parties sur l'horizon à celui qui en a le plus ; le contraire arrive depuis le 21 juin jusqu'au 21 décembre. Donc dans la sphère oblique boréal, les jours doivent croître depuis le 21 décembre jusqu'au 21 juin, et ils doivent décroître depuis le 21 juin jusqu'au 21 décembre.

Dans cette même position, plus le pôle septentrional est élevé sur l'horizon, et plus il y a de différence entre le plus grand jour et le plus petit jour de l'année ; parce que l'élévation du tropique du *cancer* sur l'horizon suit toujours l'élévation du pôle boréal, et l'abaissement du tropique du capricorne sous l'horizon suit toujours l'élévation du tropique du *cancer* sur le même horizon.

Il y a certains jours dans la sphère oblique septentrionale où le soleil demeure 24 heures sur l'horizon, et certains autres où il demeure 24 heures sous l'horizon. Ceux, par exemple, dont l'élévation du pôle boréal est de 66 degrés 32 minutes, ont tout le tropique du *cancer* sur leur horizon, et tout le tropique du *capricorne* sous leur horizon ; ceux dont l'élévation est encore plus grande, ont sur leur horizon plusieurs des cercles que parcourt le soleil dans l'année, et ils en ont plusieurs sous leur horizon ; donc il y a certains jours dans la sphère oblique septentrionale où le soleil demeure 24 heures sur l'horizon, et certains autres où il demeure 24 heures sous l'horizon.

Enfin, dans cette même position de la sphère oblique boréale, certaines étoiles ne se couchent jamais, et certaines étoiles ne se lèvent jamais. Les premières sont celles dont la distance au pôle élevé est moindre que la hauteur de ce pôle. Les secondes sont celles qui sont moins éloignées du pôle abaissé que ce pôle ne l'est de l'horizon. Nous voyons toujours sur l'horizon de Lyon, les étoiles qui sont à moins de 45 degrés 45 minutes 51 secondes du pôle méridional.

Nota. D'après l'explication ci-dessus de la position dont nous venons de parler, il sera aisé de monter la sphère suivant notre situation à Lyon, qui est approchant au 46.e degré de latitude, si l'on se souvient de ce qui a été dit à la page 34, à l'égard des degrés du méridien marqués par des chiffres qui fixent notre éloignement de l'équateur : ainsi pour monter la sphère justement pour Lyon, il n'y a qu'à tourner le méridien de façon que le nombre de degrés 46 au-dessus de 40, se trouve tout au haut de la sphère, et qu'un autre nombre de degrés 46, qui marque notre éloignement du pôle boréal par-dessus l'horizon, touche à l'horizon du côté où le pôle approche le plus de notre horizon.

On suivra le même ordre pour monter le globe terrestre pour quel pays l'on voudra, en ayant soin de placer le lieu pour lequel on veut monter le globe précisément sous le méridien.

Position oblique méridionale.

Ceux qui ont la sphère oblique méridionale, c'est-à-dire, ceux qui voient le pôle méridional élevé sur leur horizon de moins de 90 degrés, ont le 21 mars et le 23 septembre 12 heures le soleil sur leur horizon, et 12 heures sous leur horizon. La raison pour la sphère oblique méridionale est la même que pour la sphère oblique septentrionale.

Dans la sphère oblique méridionale, le plus long jour de l'année est le 21 décembre, et le plus court est le 21 juin, parce que dans cette position il faut dire du tropique du *capricorne* ce que nous avons dit du tropique du *cancer* à la position oblique septentrionale ; par conséquent, les jours, dans la sphère oblique méridionale, doivent croître depuis le 21 juin jusqu'au 21 décembre, et ils doivent décroître depuis le 21 décembre jusqu'au 21 juin.

Dans cette position, plus le pôle méridional est élevé sur l'horizon, et plus il y a de différence entre le plus grand et le plus petit jour de l'année. Vous en comprendrez la raison dans le premier alinéa de la page 45, si vous appliquez au pôle méridional et au tropique du *capricorne* ce que j'ai dit du pôle septentrional et du tropique du *cancer*.

En suivant la même méthode, vous trouverez qu'il y a certains jours dans la sphère oblique méridionale où le soleil demeure 24 heures sur l'horizon, et certains autres où il demeure 24 heures sous l'horizon.

Et dans la même position, certaines étoiles paraissent toujours, et certaines autres ne paraissent jamais sur l'horizon. Vous en comprendrez aussi la raison par ce que j'ai dit à la fin de l'explication de la position oblique septentrionale.

Position parallèle.

Ceux qui ont la sphère parallèle, c'est-à-dire, ceux dont le zénith répond à un des pôles du monde, ont six mois le soleil sur leur horizon, et six mois sous leur horizon, par la raison suivante.

Dans cette position, l'équateur étant confondu

avec l'horizon, la moitié des cercles que le soleil parcourt dans l'année se trouve entièrement sur leur horizon, et l'autre moitié sous leur horizon. Aussi ces peuples, s'il y en a quelques-uns dans cette partie du monde, ont-ils six mois de jour et six mois de nuit : par la nuit, il ne faut pas entendre les ténèbres, mais l'absence du soleil seulement.

Par la même raison ces peuples, pendant leurs six mois de soleil, voient cet astre tourner parallèlement à leur horizon dans l'espace de 24 heures.

Par la même raison aussi, ils ont chaque mois la lune pendant 15 jours sur leur horizon, et 15 jours sous leur horizon.

Par la même raison enfin, ils ne voient jamais que les étoiles qui se trouvent entre l'équateur et le pôle céleste élevé ; les autres sont toujours cachées pour eux ; elles tournent, comme le soleil et la lune, parallèlement à l'horizon dans l'espace de 24 heures.

Position droite.

Ceux qui ont la sphère droite, c'est-à-dire, ceux qui ont leur zénith dans l'équateur céleste, ont tous les jours le soleil 12 heures sur leur horizon, et 12 heures sous leur horizon, parce que leur horizon coupe en deux parties égales tous les cercles que le soleil parcourt dans l'année.

Les mêmes, voient à leur horizon les deux pôles du monde, parce qu'un pôle ne paraît élevé sur l'horizon d'une ville qu'autant que cette ville a quelque latitude ; mais les villes qui sont sous l'équateur l'équateur n'ont point de latitude ; donc les peuples qui sont sous l'équateur voient les deux pôles du monde à leur horizon.

Les mêmes enfin, voient toutes les étoiles du ciel, parce qu'il n'en est aucune qui ne se lève et qui ne se couche par rapport à eux, puisqu'il n'en est aucune qui, par son mouvement journalier, ne parcoure ou l'équateur, ou un cercle parallèle à l'équateur.

Remarque. Bientôt je parlerai du globe terrestre ; mais avant, il convient de démontrer aux jeunes gens ce que c'est qu'on appelle *climat d'heure*, *climat de mois*, et combien on en compte.

Des climats d'heure.

Pour vous faire une juste idée des climats d'heure, prenez l'espace du ciel qui se trouve entre l'équateur et le pôle septentrional. Divisez-le en 24 parties égales par des cercles parallèles à l'équateur ; l'espace contenu entre le premier et le second parallèle vous donnera le second climat, et ainsi des autres jusqu'au 24.e climat, qui se trouvera entre le dernier parallèle et le poluire boréal. Faites la même chose sur l'espace du ciel qui se trouve entre l'équateur et le pôle méridional, et vous aurez encore 24 climats. On compte donc dans la sphère 48 climats, dont 24 septentrionaux et 24 méridionaux.

Sous le premier climat, soit septentrional ou méridional, le jour le plus long est de 12 heures et demie ; sous le second, de 13 heures, et ainsi de suite pour les autres une demi-heure de plus jusqu'au 24.e climat, où le jour le plus long est de 24 heures. Voyez la réponse de la 4.e question à l'article du globe terrestre.

Des climats de mois.

Prenez l'espace du ciel qui se trouve entre le polaire et le pôle septentrional ; divisez-le en six parties égales par des cercles parallèles au polaire, vous aurez six climats septentrionaux, dans le premier desquels le jour le plus long sera d'un mois, et dans le dernier desquels le jour le plus long sera de six mois. La même opération faite du côté du pôle méridional, vous donnera six climats méridionaux. Il y a donc dans la sphère douze climats de mois, dont 6 septentrionaux et 6 méridionaux.

Du globe terrestre, de son usage et de son utilité.

Le globe terrestre est représenté par une petite boule placée au centre de la sphère, ainsi que nous avons eu soin de le faire remarquer en expliquant la sphère entièrement ; mais comme cette boule se trouve trop petite pour y dépeindre toutes les régions de la terre et toutes les parties de l'eau, selon leur situation et leurs mesures, on est convenu de faire des globes à part plus ou moins gros, pour y distinguer plus commodément que dans la sphère, toutes les parties qui se trouvent sur la surface de notre globe ; et pour mieux faire l'application des parties de la sphère qui conviennent le plus à la Géographie, on a laissé sur chaque globe artificiel les cercles de l'horizon et du méridien, tels qu'on les voit dans la sphère artificielle, et l'on a dépeint seulement les autres cercles par des lignes, pour faire voir sur ce globe, comme par la sphère, la situation des différentes parties du monde entier.

Nous avons dit, au *Nota* de la page 46, comment on s'y prend pour monter la sphère, et qu'il fallait suivre la même méthode pour monter le globe ; ainsi, puisqu'on trouve sur le méridien de l'une et de l'autre machine les degrés de latitude, et sur l'équateur les degrés de longitude, il sera facile de mettre le globe au point que demande la situation du lieu qu'on voudra.

Mais le globe terrestre, et les mappemondes, n'ayant pas d'échelles comme les cartes géographiques régulières, qui toutes par le moyen de leurs échelles, font trouver avec le compas la distance d'une ville à l'autre, quand on ne veut pas se servir des degrés de longitude et de latitude, ainsi que je l'ai dit à la page 22, on supplée à ce défaut en ouvrant le compas entre les deux endroits ou villes, et en transportant cette ouverture sur les degrés de latitude marqués sur le méridien ; puis suivant ce que cette mesure embrasse ou donne de degrés, on cherche dans la table suivante combien ces degrés valent en distance.

Chaque degré d'un grand cercle du globe

ou de la mappemonde, comprend 57,060 toises,
ou 28 lieues 1/2 de France, de 2000 toises l'une,
ou 25 lieues communes, de 2280 toises 1/36,
ou 11 1/9 myriamètres,
ou 20 heures de chemin, qui font deux journées de marche,
ou 60 milles communs d'Italie,
ou 15 milles communs d'Allemagne,
ou 48 milles communs d'Angleterre,
ou 17 lieues 1/2 d'Espagne,
ou etc., etc.

Pour mieux faire connaître les usages et l'utilité du globe artificiel, je vais donner différentes questions que je résoudrai par des démonstrations : mais avant, il est bon de faire remarquer que les globes artificiels dont on se sert ordinairement, sont encore trop petits pour qu'on y puisse marquer distinctement toutes les villes d'un pays. Par exemple, voyez sur le globe artificiel, que je vous crois devant les yeux en me lisant, l'espace qui représente l'empire de France, à peine y trouverez-vous une douzaine de villes si votre globe est des plus grands, et quatre ou cinq villes si votre globe est moyen ; mais cela ne doit pas vous surprendre ni vous empêcher de le monter comme je l'ai dit au *Nota* de la page 46 ; c'est-à-dire, qu'on supplée à ce défaut en montant le globe à la hauteur dont il est requis.

Ainsi, si la ville d'Avignon n'est pas marquée sur votre globe, et que vous sachiez qu'elle est située au 22.e degré 26 minutes de longitude, et au 43.e degré 57 minutes 25 secondes de latitude, montez le globe suivant ce qu'il a été dit relativement à ces deux différens degrés, vous ferez les opérations sur le globe aussi bien que si cette ville s'y trouvait avec plus ou moins de précision, suivant l'attention que vous y mettrez, et par ce même moyen vous pourrez faire toutes les opérations que je vais démontrer en répondant aux questions suivantes.

PREMIÈRE QUESTION.

Comment doit-on s'y prendre pour trouver les degrés de latitude et de longitude de chaque endroit de la terre ?

On peut répondre à cette question en ayant recours aux objets suivans.

1.° Par le moyen des branches qui supportent l'horizon du globe ou de la sphère, sur lesquelles branches on y voit marqués bien clairement les degrés de latitude et de longitude des principales villes du monde.

2.° Par le moyen du dictionnaire géographique, si c'est une ville non comprise dans le nombre desdites capitales, et si le dictionnaire est bon.

3.° Par le moyen d'une mappemonde, ou toute autre carte géographique bien faite.

4.° Enfin, par le moyen du globe terrestre, en le tournant de façon que le pays dont on veut connaître la latitude et la longitude soit mis directement sous le méridien, comme quand il faut monter le globe. En voici la manière d'agir, laquelle servira d'exemple pour toute opération semblable.

Mettez la ville ou le lieu dont il s'agit directement sous le méridien ; regardez la petite ligne ou le signe qui marque chaque degré de ce cercle, et qui se trouve justement au-dessus dudit lieu ; comptez attentivement le nombre de degrés qu'il y a de ce signe à l'équateur, et cet espace en degré, pris sur le méridien, sera la latitude que vous cherchez.

Pour en connaître la longitude, il faut laisser le globe dans la même position, et voir quel est le nombre de degrés de l'équateur qui se trouve justement sous le méridien ; ce nombre de degrés sera celui de la longitude que vous cherchez.

Par exemple, quelqu'un me dit de trouver par le moyen d'un globe terrestre, la latitude et la longitude de Strasbourg ; pour le satisfaire j'agis suivant la manière enseignée ci-dessus, c'est-à-dire, que je mets sous le méridien le point qui désigne la situation de cette ville que je trouve dans l'espace que contient la France sur la surface du globe, et je vois que ce point répond à bien peu de chose près au 42.e degré du méridien ; je compte de là combien il y a de degrés jusqu'à l'équateur que je rencontre au 90.e degré du méridien, et j'en trouve 48 ; ce qui me fait dire que Strasbourg est situé au 48.e degré de latitude.

Pour en connaître la longitude, je regarde, sans déranger le globe, quel est le nombre de degrés de l'équateur qui se trouve sous le méridien, et je vois 25 degrés un peu plus, ce qui me fait dire que cette ville est au 25.e degré de longitude.

SECONDE QUESTION.

Savoir l'heure qu'il est en quel pays l'on voudra, quand il est midi dans le lieu où l'on est.

Deux manières servent à résoudre cette question.

1.° Par la première, il faut connaître la longitude du lieu où l'on est, et celle du lieu dont on cherche l'heure; après cela se souvenir qu'autant de fois qu'il se trouve entre l'un et l'autre lieu une différence de 15 degrés, c'est autant de fois une heure de différence pour l'heure de midi; c'est-à-dire, qu'il faut comprendre qu'un pays plus avancé de 15 degrés vers l'orient qu'un autre, doit voir le jour une heure plutôt que l'autre, parce que le soleil parcourant toujours les 360 degrés du cercle qu'il suit tout le tour du globe terrestre dans l'espace de 24 heures, il faut bien que le jour arrive une heure plutôt au pays qui est situé à 15 degrés de plus qu'un autre vers l'orient, puisqu'il y a 15 fois 24 dans 360.

Ainsi, quand il est midi à Lyon, où je suis maintenant, si je veux savoir l'heure qu'il est à Stockholm, capitale de la Suède, je n'ai qu'à me souvenir que la longitude de Lyon est de 22 degrés, et celle de Stockholm 37 : puis, considérer que la différence est justement de 15, c'est-à-dire, que Stockolm a 15 degrés de longitude plus que Lyon, et cette différence me fait conclure qu'il est une heure après midi à Stockholm quand il est midi à Lyon, et qu'il est 11 heures du matin à Lyon quand il est midi à Stockholm; ainsi des autres lieux à proportion.

2.° Sans penser aux degrés de longitude, placez seulement le lieu où vous êtes sous le méridien, c'est-à-dire, tournez le globe de façon que Lyon, par exemple, que vous voyez dans l'espace qu'occupe la France, soit justement sous le méridien. Après cela, mettez sur midi l'aiguille du petit cadran que vous voyez attaché au méridien; (ce qui vous sera facile à faire, attendu que cette aiguille est mobile) puis tournez de nouveau le globe jusqu'à ce que le lieu dont vous cherchez l'heure, *Varsovie*, par exemple, se trouve à son tour sous le méridien. Cela fait, regardez l'aiguille du cadran, vous verrez qu'elle marquera l'heure qu'il est à *Varsovie* quand il est midi à Lyon, c'est-à-dire, une heure après midi et un peu plus.

TROISIÈME QUESTION.

Savoir l'heure que se lève le soleil en quel pays que ce soit, et à quelle heure il se couche.

Rien de plus facile à trouver si vous vous souvenez de ce que je viens de dire pour répondre à la 2.e question par la première manière; c'est-à-dire, qu'il faut se souvenir qu'autant de fois qu'il se trouve entre deux pays une différence de 15 degrés en longitude, c'est autant de fois une heure de différence pour le lever et le coucher du soleil: par conséquent, si l'on veut savoir à quelle heure se lève le soleil à Stockholm quand il se lève à Lyon à 6 heures du matin, on verra par la même raison que nous avons donnée pour l'heure de midi, qu'il s'y lève une heure plutôt qu'à Lyon, c'est-à-dire, à 5 heures.

Et si l'on veut savoir à quelle heure le soleil se lève à Paris quand il se lève à Lyon à 6 heures, faites la proportion suivante, et vous verrez qu'il s'y lève à 6 heures 8 minutes, parce que Paris a 2 degrés de longitude de moins que Lyon, et que quand le soleil se lève pour Paris à 6 heures, il est alors 6 heures 8 minutes à Lyon.

Si 15 degrés donnent 60 minutes combien 2?

$$\begin{array}{r|l} 2 & \\ \hline 120 & 15 \\ \cdot\cdot & \overline{8 \text{ minutes.}} \end{array}$$

Nota. On pourrait de même savoir l'heure que se lève le soleil en quel pays que ce soit, en se servant du petit cadran attaché au méridien du globe, et en sachant l'heure que le soleil se lève au lieu où l'on est, si les minutes s'y pouvaient distinctement marquer.

QUATRIÈME QUESTION.

Comment connaître de combien d'heures est le plus long jour de chaque pays?

Pour le savoir, souvenez-vous d'abord de ce que j'ai dit à la page 49, touchant les climats d'heure et de mois, puis cherchez le degré de latitude du lieu dont vous voulez connaître la durée du plus grand jour, et quand vous le connaîtrez, regardez-en le nombre parmi les chiffres placés sur le bord du méridien du côté du pôle septentrional; de ce point, levez les yeux jusqu'au troisième intervalle du même méridien (1), vous y verrez de petits chiffres arabes qui marquent positivement le nombre que vous cherchez.

(1) Il faut ici se souvenir de ce que j'ai dit à la page 36, relativement à la largeur du méridien.

Exemple.

Voulant savoir de combien d'heures est le plus grand jour à Lyon, qui est au 45.ᵉ degré de latitude, je regarde ce nombre de degrés marqué sur le méridien au-dessous du petit cadran, et au-dessus de ce même nombre de degrés, au milieu de la largeur du méridien, je vois en petits chiffres arabes le nombre 15 1/2, qui m'assure que le plus long jour à Lyon est de 15 heures et demie.

Ainsi, l'on voit sur le méridien du globe et de la sphère, entre l'équateur et le pôle septentrional, le nombre des climats et le temps que dure le plus grand jour aux différens endroits de la terre, suivant leur situation en latitude.

CINQUIÈME QUESTION.

Comment faut-il s'y prendre pour savoir à quel climat est chaque pays ?

Pour le savoir, faites approchant ce que nous avons dit pour répondre à la quatrième question; c'est-à-dire, sachez à quel degré de latitude est situé le pays dont vous voulez connaître le climat, et de ce degré marqué sur le méridien, levez les yeux jusqu'au 3.ᵉ intervalle de ce cercle, puis vous verrez, en chiffres romains, quel est le climat que vous cherchez.

Exemple.

Voulant savoir dans quel climat Lyon se trouve, et sachant qu'il est au 45.ᵉ degré de latitude, je regarde ce nombre de degrés marqué sur le méridien dans le premier intervalle, au-dessous du petit cadran, et au-dessus du nombre de ces degrés, je vois en chiffres romains, dans le troisième intervalle de la largeur du méridien, que Lyon se trouve situé entre le 7.e et le 8.e climat.

Ainsi Paris, qui est presque au 49.e degré de latitude, se trouve situé dans le 8.e climat, où le jour le plus long est de 16 heures.

SIXIÈME QUESTION.

Comment faire pour trouver les antipodes d'un lieu ?

Pour répondre à cette question, il faut savoir que le mot antipode signifie les peuples qui habitent les points du globe terrestre diamétralement opposés aux nôtres, si ce sont nos antipodes, ayant une latitude égale, mais opposée, et une longitude différente de 180 degrés ; de sorte que ces peuples ont naturellement les jours et les nuits opposés aux nôtres, ainsi que l'été et l'hiver, comme je l'ai fait comprendre à l'article de la *Position oblique méridionale* de la sphère, page 46.

Ainsi, pour connaître les antipodes, par exemple, de Lyon, qui est situé au 45.e degré de latitude septentrionale, il faut trouver un lieu sur le globe situé diamétralement au 45.e degré de latitude méridionale, et nous trouvons de suite la nouvelle Zélande à ce degré de latitude méridionale ; donc Lyon est l'antipode de la nouvelle Zélande, comme la nouvelle Zélande est l'antipode de Lyon à-peu-près.

Je dis à-peu-près, parce qu'il ne suffit pas qu'un pays diamétralement opposé à l'autre, ait seulement le même degré de latitude opposé, il faut encore, pour qu'il soit justement antipode, qu'il ait le même degré de longitude opposé : par conséquent, le pays qui se trouve éloigné de nous de 180 degrés, tant d'une part que de l'autre, sur le globe que nous habitons, est justement ce que nous appelons nos antipodes.

CONCLUSION.

Ayant donné les principales connaissances qu'un écolier doit avoir pour apprendre ensuite la Géographie en son entier, il ne me reste plus rien à lui dire, si ce n'est que de lui conseiller actuellement d'exercer sa mémoire dans cette science, en ne s'appliquant qu'à connaître une des quatre parties de la terre; c'est-à-dire, à étudier attentivement l'Europe s'il est Européen, et commencer par étudier son propre pays pour en avoir une parfaite connaissance, avant d'entreprendre la description des autres qui divisent l'Europe en divers états, et qu'il trouvera décrits dans la Géographie que j'ai annoncée au commencement du présent ouvrage. Et s'il est effectivement Européen, qu'il se souvienne que l'Europe, quoique moins grande que la plus petite des autres parties de la terre en général, ainsi que je l'ai dit à la page 8, est la plus considérable par sa fertilité; la plus recherchée par l'industrie de ses habitans, tous civilisés par la sagesse des lois, par l'émulation, par l'étude des arts et des belles-lettres; la plus florissante, comme multipliant tous les jours les hommes les plus éclairés et les plus courageux de l'Univers.

Qu'il se souvienne aussi que l'Europe seule a produit jusqu'à présent plus de héros et de savans que toutes les autres parties du monde prises ensemble; qu'elle est le sanctuaire du génie, des sciences, des talens et de la justice; qu'elle est l'unique endroit du monde où les Souverains dignes de l'être, sont aimés, chéris, exaltés et désirés par tous leurs sujets, même par ceux qui sont les plus indifférens sur la politique; qu'elle est enfin le séjour de la loi du Créateur, loi qui sanctifie nos ames, et qui nous assure la vie éternelle; loi avantageuse et salutaire, pratiquée par les vrais croyans, et enseignée non-seulement dans les églises par les ministres de Dieu, mais encore dans toutes les maisons d'éducation paternelles et maternelles.

www.ingramcontent.com/pod-product-compliance
Ingram Content Group UK Ltd.
Pitfield, Milton Keynes, MK11 3LW, UK
UKHW020431180726
13839UKWH00003B/1428